Joachim Gauck

Freiheit

Ein Plädoyer

Kösel

FSC
www.fsc.org
MIX
Papier aus verantwortungsvollen Quellen
FSC® C014496

Verlagsgruppe Random House FSC-DEU-0100
Das für dieses Buch verwendete FSC®-zertifizierte Papier *EOS*
liefert Salzer Papier, St. Pölten, Austria.

6. Auflage 2012

Umschlag: Weiss / Werkstatt / München
Druck und Bindung: GGP Media GmbH, Pößneck
Printed in Germany
ISBN 978-3-466-37032-0

www.koesel.de

Zum Geleit

Wer heute danach fragt, was unsere Gesellschaft ausmacht, was sie prägt und ihr Gestalt verleiht, wird auf diese drei Wesensmerkmale stoßen: Freiheit, Verantwortung und Toleranz. Inwiefern sie zugleich Grundlage einer globalen Leitkultur sein können, werde ich zu umreißen versuchen – will aber gleich vorab erklären: Ich bin weder ein Prophet noch ein Weisheitslehrer. Vielmehr werden Sie einen Zeitzeugen erwarten können und natürlich – auf eine ganz einfache Formel gebracht – einen Liebhaber der Freiheit.

Freiheit

Ich bin in diesem Land viel unterwegs, und nicht selten beschleicht mich dabei das Gefühl, einer gewissen Minderheit anzugehören. Nicht etwa, weil ich aus Mecklenburg komme. Das ist es nicht, was dieses Minderheitengefühl erzeugt. Es ist vielmehr meine tiefe Überzeugung, dass die Freiheit das Allerwichtigste im Zusammenleben ist und erst Freiheit unserer Gesellschaft Kultur, Substanz und Inhalt verleiht. Bei vielen Menschen aber, die mir im Land begegnen, vermute ich eine geheime Verfassung, deren virtueller Artikel 1 lautet: »Die Besitzstandswahrung ist unantastbar.« Ich habe nichts gegen Besitz, auch nichts gegen materielle Sicherheit. Das alles ist erfreulich, vor allem, wenn man darauf verzichten musste wie meine Generation, die Krieg und Nachkriegszeit erlebt hat. Aber wie kommt es, dass wir Deutschen ein erkennbar anderes Verhältnis zum Grundprinzip der Freiheit haben als etwa die US-amerikanische Nation oder unser polnisches Nachbarvolk?

Eine historische Erklärung führt unsere Neigung, auf gutem Fuß mit unserer jeweiligen Obrigkeit zu stehen, auf den Dreißigjährigen Krieg (1618–1648) zurück. Damals konnte eine ganze Generation Deutscher hingemordet und missachtet, geschändet, vertrieben und all ihrer Rechte beraubt werden. Nach dem Westfälischen Frieden hätten die Landesherren ihren Untertanen die lang entbehrte Sicherheit, Rechtssicherheit und Überlebenschance garantiert – von daher rühre die tiefe Dankbarkeit der jeweiligen Obrigkeit gegenüber. Ich kann und will diesen Erklärungsversuch nicht fachlich beurteilen, Tatsache ist jedenfalls, dass sich bei den Deutschen ein besonderes Verhältnis zur Freiheit entwickelt hat. Heinrich Heine hat es einmal in ein Bonmot gefasst, das ich Ihnen nicht vorenthalten möchte. In seinen »Englischen Fragmenten« heißt es:

»Der Engländer liebt die Freiheit wie sein rechtmäßiges Weib. Er besitzt sie, und wenn er sie auch nicht mit absonderlicher Zärtlichkeit behandelt, so weiß er sie doch im Notfall wie ein Mann zu verteidigen. Der Franzose liebt die Freiheit wie seine erwählte Braut. Er wirft sich zu ihren Füßen mit den überspanntesten Beteuerungen. Er schlägt sich für sie auf Tod und Leben. Er begeht für sie tausenderlei Torheiten. Der Deutsche liebt die Freiheit wie seine Großmutter.«

Ich kann nicht behaupten, dass mich Heines Worte getröstet hätten. Inzwischen weiß ich aber, dass er nur bedingt recht hatte. Denn der 17. Juni 1953 und das Jahr 1989 haben mich gelehrt, dass sich auch Deutsche für die Freiheit »schlagen« können.

So hat 1989 mein Leben in einer wunderbaren Weise verwandelt. Ich war plötzlich wieder in einer positiven Beziehung zu meiner Nation, weil die Menschen im Osten, die so lange ohnmächtig gelebt haben, die Freiheit

plötzlich liebten – nicht nur Minderheiten von Dissidenten, Widerständlern und Oppositionellen, nein, breite Schichten aus der Mitte einer Bevölkerung heraus, die viele lange Jahre ganz gut in einer unüberzeugten Minimalloyalität überwintern konnten.
Diktaturen können lange, sehr lange existieren. Es gibt schließlich bis in unsere Tage kommunistische Diktaturen wie in Kuba und Nordkorea oder despotische wie in Afrika und Vorderasien, weil die kritische Masse fehlt, die auf die Straße zieht und ganz selbstbewusst beansprucht, sie sei das Volk. Denn in der DDR hat sich nicht eine Implosion ereignet; die Entwicklung verdankt sich auch nicht nur dem guten Willen eines Herrn Gorbatschow.

Letztendlich sind es deutsche Bürgerinnen und Bürger gewesen, die auf den sächsischen Straßen eine Erkenntnis umgesetzt haben, die in Frankreich als kostbarstes Wort der Politikgeschichte längst in jedem Klassenzimmer hängen würde: »Wir sind das Volk!«
Dieser Satz hat uns gelehrt, dass wir, wenn wir unserer Sehnsucht glauben und ihr vertrauen, die Angst verlieren können. Eine Angst, die die willfährige Dienerin jeder Art von nicht legitimierter Herrschaft ist, die uns ohnmächtig macht, die uns bindet. In dem Augenblick aber, in dem wir unsere Angst als Angst benennen und Anpassung und Angst als Geschwisterkinder erkennen, sind wir möglicherweise bereit zu erproben: Können

wir auch ohne sie leben? In genau diesem Augenblick wachsen uns jene Kräfte zu, die eine ganze Gesellschaft verändern können.
Und so erlebten wir innerhalb eines Jahres zwei Gesichter von Freiheit: Jenes anarchische Antlitz, das Freiheit immer hat, wenn sie jung ist, das junge Leute begeistern kann und ältere zögern lässt. Es ist die Anarchie von Revolte, Aufstand und Aufruhr, die Bindungslosigkeit und Herrschaftsfreiheit sucht und mit großem Gestus und oft mit jeder Menge Übermut versucht, eine wunderbare Ungebundenheit ins Leben zu rufen.
Jeder von uns, ob politisch interessiert oder nicht, kennt wenigstens Anflüge davon. Denn wir alle sind nicht davor bewahrt worden,

durch eine Zeit zu gehen, die den Erwachsenen ein Gräuel ist: die Pubertät. Mit 14, 15 oder 16 Jahren ahnen und wollen wir, was Freiheit ist. Wir spüren die tiefe Sehnsucht danach, ungebunden zu sein, nicht kommandiert zu werden, selbst unsere Maßstäbe zu bestimmen und zu setzen: Ich möchte dann ins Bett gehen, wann ich es will; ich möchte diese Frau küssen und umarmen und heiraten, wann ich will; ich möchte den Beruf ergreifen, den ich will, und dazu Ja sagen, wozu ich Ja sagen möchte. Das sind in etwa die Fragen und Bedürfnisse, in denen der dringliche Wunsch von Jugendlichen nach Freiheit und Ungebundenheit zum Ausdruck kommt. Da ist sie, die junge Freiheit; sie ist Befreiung.

Wir spüren die tiefe Sehnsucht danach, ungebunden zu sein, nicht kommandiert zu werden, selbst unsere Maßstäbe zu bestimmen und zu setzen.

Ähnlich ungebärdig ist die junge Freiheit auch auf der politischen Ebene. So ist zum Beispiel die große Französische Revolution (1789–1799) nicht deshalb ins Leben getreten, weil es eine motivierende Revolutionstheorie gegeben hätte, die die Menschen auf die Straßen gebracht hätte. Vielmehr trieben hohe Steuern und eine Hungersnot die Menschen auf die politische Bühne. Erst danach entwickelte sich die »Lehre« von der Revolution, erst dann kamen die ideologischen Revolutionäre – und die Freiheit erhielt ein anderes Gesicht.

Friedrich Schiller, der die Anfänge dieser Revolution mit Sympathie verfolgt hatte, war über den anschließenden Terror zutiefst erschrocken. Uns allen klingen die Ausrufe des Schreckens in den Ohren, die Schiller über das »rohe gesetzlose Treiben« in seiner Ballade »Das Lied von der Glocke« ausstieß:

»Weh, wenn sich in dem Schoß der Städte
Der Feuerzunder still gehäuft,
Das Volk, zerreißend seine Kette,
Zur Eigenhilfe schrecklich greift! ...
Da werden Weiber zu Hyänen,
Und treiben mit Entsetzen Scherz,
Noch zuckend, mit des Panthers Zähnen,
Zerreißen sie des Feindes Herz ...«

Ja, Schiller hat den Terror gesehen. Ob er sich über die französische Ehrenbürgerschaft gefreut hat, wissen wir nicht. Aber wir wissen, dass er die *Emancipation* des Menschengeschlechts für verfrüht hielt, weil die Subjekte noch nicht reif seien für eine vernunftgeleitete Gesellschaft. Vor der Fratze der ungezügelten Freiheit also hat Schiller sich gefürchtet – und die Freiheit einer humanisierten Gesellschaft trotzdem lieb behalten.

Auch wir schauen uns nach einer Variante von Freiheit um, die man nicht fürchten muss, weil sie anarchisch ist, die nur die Ungebundenheit, den Aufruhr, nur die Freiheit *von* etwas kennt. Auch wir haben den Hang zu einer Freiheit, in der wir, wie es uns die Philosophen und Ethiker gelehrt haben, frei sind *für* etwas und *zu* etwas. Das habe natürlich nicht *ich* erfunden, sondern schon als Student etwa von Kant gelernt und von Eltern und Kirche vermittelt bekommen. Wie schwierig es aber ist, diese Erkenntnis ins Leben zu rufen, habe ich erst viel später begriffen.

Ich möchte das mit einem Blick auf das Jahr 1989 erläutern: Wie einfach war es und wie verbunden waren wir alle miteinander, als wir ablehnten, was uns klein machte und uns zu nutzlosem Beiwerk des Staates erklärte. Die DDR-Regierung nannte uns zwar »Bürger«. Und »Bürger, weisen Sie sich aus!«, sagte der Volkspolizist, wenn er junge Menschen auf der Straße anhielt – das passierte nicht eben selten – und sie brav und gehorsam ihre Personalausweise herausziehen mussten, um

Bürger sind Menschen, die Bürger-rechte haben und diese auch ausüben können.

nachzuweisen, dass sie eben diejenigen seien, die dort bezeichnet waren.
Sie nannten uns also Bürger. Dabei wussten wir, gelehrt von der europäischen Aufklärung und einigen Staaten, in denen Demokratie schon zu Hause war, dass Bürger diejenigen Menschen sind, die Bürgerrechte haben und diese auch ausüben können. Wir, die wir diese Bürgerrechte nicht hatten, waren zwar auch wertvoll und hatten auch unsere Würde – aber Bürger waren wir nicht.
Ich habe mich in einer bestimmten Etappe meiner DDR-Existenz daher daran gewöhnt, die DDR-Bürger als »DDR-Bewohner« zu bezeichnen. Bis mir auffiel, dass auch dies ein Euphemismus ist. Denn Bewohner eines Hau-

ses können das Gebäude auf- und zuschließen, sie können hinein- und hinausgehen. Wir konnten das alles nicht. Ich suchte umso dringlicher nach einem adäquaten Wort und kam schließlich darauf, dass wir »Insassen« seien: festgehalten und eingeschlossen wie die Insassen eines Pflegeheimes, einer Krankenanstalt, einer geschlossenen Station, eines Gefängnisses.

Und weil ich diese Vorstellung so bedrückend, beklemmend und entwürdigend fand, rettete ich mich, wie viele andere Menschen, wenn sie Bücher schreiben oder lesen, aus der Wirklichkeit in die Gedankenwelt.

Die Freiheit war nicht dort, wo ich lebte. Die Freiheit war in meinen Sehnsüchten, in meinen Gedanken. Hier wurde sie stark. Und wie viele Deutsche vor mir tröstete ich mich mit dem alten Volkslied:

»Die Gedanken sind frei,
wer kann sie erraten?
Sie fliehen vorbei
wie nächtliche Schatten.
Kein Mensch kann sie wissen,
kein Jäger erschießen
mit Pulver und Blei:
Die Gedanken sind frei!«

Das ist es, was der Deutsche glauben kann: »Die da« mögen uns unterdrücken, aber *in* mir gibt es ein Reich der Freiheit. Diese Vor-

stellung wärmte uns eine Zeit lang, machte uns aber politisch nicht satt.
Und so war das Besondere eigentlich die zweite Etappe nach 1989, als die Freiheit gekommen war und die Frage entstand: Und du, wozu bist du imstande, wofür willst du dich einsetzen? Wie willst du Freiheit gestalten?

Verantwortung

Ein Jahr etwa nach der friedlichen Revolution kam ich einmal wieder in meine Heimatstadt Rostock. Ich war zu dieser Zeit schon nicht mehr Pfarrer, sondern im politischen Raum tätig. Da kam ein ehemaliger Amtsbruder und beklagte sich: »Du glaubst nicht, wer jetzt alles in die Ämter drängelt. Also erstens die alten Genossen und zweitens die Katholiken.« Gegen die Katholiken habe er zwar nichts, nur hätten sie früher ein bisschen deutlicher aufbegehren können. Und die alten Genossen, die seien, wie sie gewesen waren. Er empfand Widerwillen gegen die neue Situation. Doch ich zeigte kein Verständnis, fragte vielmehr: »Lieber Freund, hast du denn selbst den Finger gehoben, als es um die Ämter ging, auf denen jetzt die sitzen, deren Anwesenheit du beklagst?«

Auf die Idee war er nicht gekommen: Er sei bereit, Macht kritisch zu beäugen und zu kontrollieren. »Aber selbst Macht ausüben?« Dazu sei er gar nicht ausgebildet. Und hätte Macht nicht immer einen schlechten Beigeschmack?

Da war es, dieses merkwürdige Unvermögen, aktiv zu werden, wenn aus der Sehnsucht nach Freiheit die Gestaltung von Freiheit wird, wenn wir Freiheit *von* etwas schon erleben durften, aber Freiheit *zu* etwas noch nicht können. Plötzlich füllen dann diejenigen die öffentlichen Räume, denen wir gar nicht oder nur wenig vertrauen.

Das galt besonders für die Vertreter der alten

Macht. Die waren natürlich Machtausübung schon gewöhnt und hatten Ellbogen. Und die westdeutschen Ellbogenmenschen konnten ganz gut mit jenen sprechen, die ihre Ellbogen schon in der Diktatur trainiert hatten. Besonders im Bereich der Wirtschaft klappte das Zusammenspiel hervorragend. Es waren oft nicht die Dissidenten, die als vertrauenswürdig galten und Posten übertragen bekamen. Es waren die, die schon gezeigt hatten: Wir wissen, wie man Macht ausübt. Die traten übrigens nie einer Gewerkschaft bei, sondern folgten den Aufträgen ihrer neuen Herren, wie sie denen ihrer alten gefolgt waren.

Zu üben ist also nicht eine Fähigkeit, die wir mühsam studieren müssen, zu üben ist die Bereitschaft, Ja zu sagen zu den vorfindlichen Möglichkeiten der Gestaltung und Mitgestaltung. Wenn wir uns derart zu der in uns wohnenden Fähigkeit und zu der uns umgebenden Wirklichkeit verhalten, dürfen wir dies als Verantwortung bezeichnen. Ich nenne die Freiheit der Erwachsenen »Verantwortung«.

Wenn ich für Freiheit als Verantwortung werbe, gerade bei Menschen, die nicht in politischen Ämtern stehen, mache ich das so: Wir können das eigentlich alle. Denn wir alle haben ein natürliches Empfinden für eine Aufgabe oder kennen die Hingabe. Schon bevor wir politisch werden, lernen wir, dass es möglich ist, die Bezogenheit auf das eigene Selbst hintanzustellen.

Wir können Ja sagen zu den vorfindlichen Möglichkeiten der Gestaltung und Mitgestaltung.

Wir alle haben dies erlebt, wenn wir einen anderen Menschen lieben. Mit einem Mal bin ich mir selbst nicht mehr der Wichtigste, sondern will alles tun für den geliebten Menschen, für diese Frau, für diesen Mann. Am deutlichsten erleben wir das wohl, wenn wir ein eigenes kleines Kind haben. Ich sehe es an, und schon erwachen in mir das Bedürfnis und die Bereitschaft, für dieses Wesen da zu sein – es zu schützen, es zu bewahren, es ihm schön zu machen, ihm ein Nest zu schaffen.

Wenn ich darüber nachdenke, fällt mir immer meine jüngste Tochter ein. Noch vor zwei Jahren führte sie bewegte Klage über ihre ehemaligen Kommilitoninnen. Sie waren alle begeisterte Mütter geworden, während meine Tochter fand, das Leben dieser Personen sei in einer unakzeptablen Weise eingeschränkt. Sie wisse nicht, ob sie so etwas je akzeptieren könne. Nun, man ahnt es schon: Vor einem Jahr hat mir diese kostbare Frau mein jüngstes, mein neuntes Enkelkind geschenkt. Und jetzt überbietet sie alle anderen, die sie vorher kritisiert hat, an Hinwendung. Es hat sich etwas total in ihr gewandelt in dem Augenblick, als eine neue Lebenswirklichkeit den Schwerpunkt in ihrer Person verlagert hat.

Wir begreifen: Wir sind geboren zur Lebensform der Bezogenheit. Wir erleben sie als eine zentrale Menschenmöglichkeit, lange bevor

wir sie politisch als Bürgerinnen und Bürger erfassen – meist keinesfalls als erdrückende Last, sondern als glückhaftes Geschehen, als Teil unserer humanen Existenz.
Und das nicht nur in den engen personalen Beziehungen. Wir kennen Journalisten, die trotz großer Gefahr aus Krisengebieten berichten, Forscher, die sich für ihr Wissensgebiet aufopfern, Menschen, die einstehen für ihren Glauben, die Menschenrechte, ihre Heimat, für Kunst und Kultur.
Jeder von uns mag einen anderen zentralen Gedanken, eine zentrale Erfahrung oder eine zentrale Begrifflichkeit für diese Wirklichkeit haben. Mir als evangelischem Theologen kommt aus der Heiligen Schrift der Juden und

Christen eine ganz besondere Sentenz ins Bewusstsein – ein Abschnitt aus dem Buch Genesis, der in der Luther-Übersetzung folgendermaßen lautet: »Und Gott schuf den Menschen zu seinem Bilde, zu Gottes Bilde schuf er ihn« (1 Mos/Gen 1,27).

In meinen jungen Jahren hat mich dieses Wort eher erschreckt. Denn ich begann mein Theologiestudium in der Nachkriegszeit, als jeder halbwegs denkende und empfindende Mensch tief verunsichert war, wenn er ein Deutscher war. Ich mochte dieses Land nicht mehr, ich mochte diese Kultur nicht mehr, die die Barbarei nicht verhindert hatte und uns in eine tiefe Schuld geführt hatte. Ich mochte den Glauben nicht mehr und konnte kein

Loblied auf Gott singen. Es erschien mir eine unüberwindliche Aufgabe, nach Auschwitz an Gott zu glauben. Und ich weiß nicht, wie oft ich diesen Glauben unterwegs fast verloren hatte und wann ich ihn wiedergefunden habe.

Damals konnte mir ein anthropomorpher Gottesbegriff wenig Verheißung sein. Er erschien eher als eine Bedrohung. Und ich hoffte, nie darüber predigen zu müssen. Ich weiß nicht mehr, wie ich es geschafft habe, tatsächlich nicht darüber zu predigen – wahrscheinlich habe ich diesen Text manchmal einfach ausgegrenzt.

Dann aber fiel mir vor ein paar Jahren plötzlich eine Interpretation ein. Ich begriff bei einem Lesen etwas neu, das sich in meinem Leben schon abgezeichnet hatte. Ich konnte jetzt so lesen: Gott schuf den Menschen zu seinem Bilde mit der wunderbaren Fähigkeit, Verantwortung zu übernehmen.

Es gibt so viele Geschöpfe auf der Erde, aber nur eines mit der Fähigkeit, für sich selbst, für das Du neben uns und den Raum um uns herum Verantwortung zu übernehmen. Irgendwann habe ich mich sogar getraut, vor Alttestamentlern an einer deutschen Universität diese Interpretation vorzutragen und – was soll ich sagen? – sie schienen irgendwie froh darüber. Und da sie keinen Widerspruch angemeldet haben, dachte ich: Ich kann Verantwortung also aus meinem Glauben her-

leiten. Und ich fand und finde es großartig, etwas in uns zu wissen, das mit seiner Potenz uns mit unseren begrenzten Kräften überbietet. In unserer Verantwortungsfähigkeit steckt ein Versprechen, das dem Einzelnen wie dieser ganzen Welt gilt: Wir sind nicht zum Scheitern verurteilt.
Dies zu entdecken, hat mich das Leben gelehrt und nicht nur das Nachsinnen und Nachverfolgen edler Gedanken von Menschen, die fähig sind, Gedichte zu schreiben, die ich sehr liebe, oder Traktate und Essays. Ich habe es im Alltag gelernt.
Es ist freilich so, dass Verantwortung und Bezogenheit nicht nur von Glaubenden, von Christen, von Juden, Muslimen oder anderen

Gläubigen gelebt werden können. Für mich ist die religiöse Wertsetzung so stark, weil sie in Tiefen meiner Seele reicht, in der die intellektuellen Begründungen für Wohlverhalten und Menschlichkeit nicht gegründet sind. Andere Menschen erleben Bezogenheit auf andere Weise, in anderen Worten und mit anderen Lebenswahrheiten. Das Glück der Bezogenheit spüren und verstehen kann selbstverständlich auch der, der nicht glaubt.

Jede und jeder erlebt das auf eigene Weise. Nicht jeder erfährt die elementare Kraft einer frühen oder späten Liebe, nicht jede hat so ein kleines Wesen als eigenes Kind. Andere beziehen sich auf die Natur, die sie schützen und bewahren wollen. Auf die Rechtsstaatlichkeit, damit die Welt nicht dem Gesetz des Stärkeren unterliegt. Auf die Wahrheit, die nicht Vorteilen und Interessen geopfert werden darf.

Unsere Fähigkeit zur Verantwortung ist somit nicht etwas, das durch Philosophen, Politiker oder Geistliche quasi von außen in unser Leben hineingebracht würde, sie gehört vielmehr zum Grundbestand des Humanum. Wir verlieren uns selbst, wenn wir diesem Prinzip nicht zu folgen vermögen.

Freilich erleben wir Bezogenheit nicht alle gemeinsam und nicht gleichzeitig, sie widerfährt uns auch nicht wie ein Erweckungserlebnis, das unsere ganze Existenz ummünzt.

Unsere Fähigkeit zur Verantwortung gehört zum Grundbestand des Humanum.

Aber Schritt für Schritt können wir hineingezogen werden in diese Lebensform von Ermächtigung – ich benutze dieses Wort ganz bewusst, obwohl mir sozialwissenschaftlich geschulte Intellektuelle manchmal geraten haben: »Sagen Sie wenigstens Empowerment.« Aber ich bestehe auf dem deutschen Wort, weil ich »auf Deutsch« erlebt habe, wie sich ein Staatsinsasse verwandelt hat und durch ermächtigendes Handeln als Bürger zu existieren begann. Und wie er dabei nicht nur zu sich selbst gekommen ist, sondern auch Glück empfunden hat.

Enttäuschung und Frustration werden allerdings alle erleben, die sich wie im Märchen danach sehnen, Glück in einem Schlaraffenland zu finden. Das klingt für manchen vielleicht verzopft, aber denken Sie nicht, dass dieses Märchen von gestern sei. Nur, dass unser Schlaraffenland nicht ein großer Berg von süßem Brei ist. Zu essen haben wir mehr als genug. Wir haben auch genug zu trinken. Damit kann man uns nicht locken.

Aber wir haben andere Fantasien und Bilder von Fülle und Erfülltheit in einem imaginären Schlaraffenland, das nur eben unglücklicherweise niemals dort ist, wo wir tatsächlich leben. Vielmehr leben wir mit der Hoffnung auf ein Glück, das uns das Schicksal irgendwann einmal gewähren müsse. Bei manchem ist es die Hoffnung auf den idealen Partner: Ja, wenn ich *den* Mann, *diese* Frau hätte, dann wollte ich doch zufrieden sein. Oder es ist die Hoffnung auf den beruflichen Aufstieg, den ich machen werde, das Haus, das Auto, die Yacht, die ich mir kaufen werde, oder auch diese Aussteiger-Zeit, die ich mir nehmen werde. So können wir das Schlaraffenland je nach unserer eigenen Fasson ausgestalten – und wir tun es. Privat und auch gesellschaftlich.

Doch sobald wir anfangen, uns mit diesem Glücksmodell anzufreunden, und gespannt darauf warten, wie im Lotto das große Los zu ziehen, werden wir auf einem Weg sein, wo das Glück ganz bestimmt nicht zu uns findet! Wir bleiben hungrig und ungesättigt. Denn geheimnisvollerweise ist das Glück dort, wo

wir Bezogenheit leben – selbst in dem unspektakulären Tun des Alltags.
Ich habe entdeckt, dass es einen unglaublich kraftvollen Indikator für dieses Ja zu einem Leben in Verantwortung gibt. Keinen, den es umständlich mit einer Theorie zu beweisen gelte, vielmehr einen, den wir alle schnell und deutlich in uns spüren. Es ist nämlich so, dass unsere Psychen uns belohnen, wenn wir leben, was als Potenz in uns angelegt ist, und die Hinwendung zu unserer Lebensform machen.
Schauen Sie sich die Jugendlichen an, die in der Freiwilligen Feuerwehr lernen und üben, wie man einen Brand löscht oder eine hilflose Person rettet. Oder die Dorfjugend, die nach

Über-
raschender-
weise ist
Glück dort,
wo wir
Bezogen-
heit leben.

Feierabend Fußball trainiert. Oder die jungen Musikerinnen und Musiker aus ganz Deutschland, die im Bundesjugendorchester gemeinsam musizieren. Schauen Sie sich die Gesichter der Menschen an, wenn sie einen Brand gelöscht, ein Fußballspiel gewonnen oder eine Symphonie gespielt haben – und Sie spüren, wovon ich rede. Selbst die Nutzer von Facebook wünschen sich ja Bezogenheit, letztlich Gemeinschaft.

Dieses Erfüllt-Sein, dieses Glück ist der einfache Indikator, von dem ich sprach.

In Bezogenheit zu stehen, sagt allerdings noch gar nichts darüber aus, ob unser privates oder politisches Handeln einer guten oder bösen Sache dient, ob es sinnvoll, berechtigt, erfolgversprechend ist oder ob es auf falschen Voraussetzungen, falschen Analysen oder etwa auf privater oder politischer Naivität beruht. Ich nenne ein Beispiel, das für die Evangelische Kirche und ihre Einrichtungen nicht ohne Bedeutung war und ist.

»Entfeindet euch«, sagten meine Kirchentagsfreunde gerne in den interessanten Friedenskampfjahren im Westen der Republik. Zu jener Zeit war die Begeisterung für den Frieden groß und ohne Einschränkung. Und so dachten viele meiner protestantischen Freunde im Westen, wenn man sich entfeinde, wäre das eine wirksame Aktion gegen Feindschaft und Krieg. Unsere Evangelischen Akademien und Studentengemeinden waren eben nicht immer der besondere Hort des Heiligen Geistes, sie waren und sind manchmal auch Spielwiesen des Zeitgeistes. Entspannung jedenfalls war die große Losung fortschrittlicher Politik. Wer aufrüstete oder das Gleichgewicht des Schreckens verteidigte, galt als kalter Krieger. Václav Havel war damals sehr enttäuscht von seinen Freunden im Westen. Sie waren bereit, der guten Kontakte zu den Unterdrückern wegen die Kontakte zu den Oppositionellen zu begrenzen, und sie waren trotz eines Kommunismus mit imperialen Absichten bereit, den demokratischen Westen mental und militärisch abzurüsten. War das nicht die Fortführung einer Appeasement-Politik, deren Gefährlichkeit uns in Europa bewusst sein sollte?

Frieden ist zweifellos eines der ganz großen politischen Ziele und eine große theologische Vision. In konkreten Situationen aber kann Verzicht auf Gewalt auch bedeuten, der Gewalt von Unterdrückern und Aggressoren den Weg zu ebnen oder ihren Terror zu dulden.

Toleranz

Zum Schluss möchte ich mich noch der Toleranz zuwenden. Ich glaube nicht, wie es in einigen Teilen meiner neuen Berliner Heimat inzwischen üblich ist, dass derjenige, dem alles egal ist, den Preis für Toleranz verdient. Gleichgültigkeit ist kein anderer Name für Toleranz. Gleichgültigkeit ist vielmehr ein anderer Name für Verantwortungslosigkeit.

Manche denken, wenn ich keine Überzeugung habe, dann kann ich auch keinen stören. Sogar manche Politiker definieren in dieser Weise »liberal«. Aber wir wissen, dass wir besonders dann glaubwürdig sind, wenn wir uns zu erkennen geben. Und wir wissen, dass eher diejenigen, die ihres eigenen Glaubens

Gleichgültigkeit ist ein anderer Name für Verantwortungslosigkeit.

und ihrer eigenen Werte sicher sind, die Werte von Fremden zu würdigen bereit sind, weil sie das Fremde weniger fürchten und in den Anderen Menschenkinder erkennen, die zusammen mit uns überleben und in Würde leben wollen. Deshalb achten sie die Anderen, öffnen ihnen die Türen und verstehen die Einladung nicht als ein verstecktes Kommando: »Ihr werdet bitte innerhalb einer gesetzten Frist genauso wie wir.«
Es ist wichtig zu begreifen, dass wir der Toleranz nicht dienen, wenn wir unser Profil verwässern, sondern indem wir uns umgekehrt unserer eigenen Werte wieder vergewissern. Wir haben genug Beispiele, dass wir nicht jenen fürchten müssen, der in sich ruht, son-

dern dass wir den zu fürchten haben, der weder weiß, wozu er da ist, noch, was er glaubt, der sich gekränkt und klein fühlt und auf vermeintliches oder tatsächliches Unrecht, das ihm angetan wurde, mit massiver Gegengewalt reagiert. Nicht diejenigen verbrennen Bücher und jagen sich und andere in die Luft, die sich sicher sind über die Werte, die ihnen am Herzen liegen, sondern im Gegenteil diejenigen, die tief verunsichert sind, leicht das seelische Gleichgewicht verlieren und im Groll feststecken. So wie unser Land in seine größte Katastrophe kam und den allergrößten nationalen Übermut entwickelte, als es klein und niedergetreten war, als es gerade kein starkes Ich hatte nach dem Ersten Welt-

krieg. Da entstand als Gegenbewegung eine fürchterliche Hybris, die unsere Nation überhöhte und unsere Herrschaft jedem anderen notfalls mit Gewalt aufzwingen wollte.
Wir sollten daher nicht der irrigen Meinung sein, dass wir der Toleranz etwas Böses antun, wenn wir noch einmal unsere christlich-jüdische Dogmatik anschauen, fragen, welche Werte für unsere Gesellschaft heilsam und wichtig sind, und sie neu zu schätzen lernen. Wir tun der Toleranz auch nichts Böses an, wenn wir die Menschenrechte verteidigen, wie sie in den letzten Jahrhunderten und Jahrzehnten entwickelt und niedergeschrieben wurden in der Allgemeinen Erklärung der Menschenrechte der Vereinten Nationen und einer

Vielzahl von Konventionen, die detailliert den Schutz einzelner Menschenrechte regeln – etwa zum Schutz von Flüchtlingen, zur Verhinderung von Völkermord, gegen die Diskriminierung der Frau etc. Fast alle Staaten der Welt haben sich nach tiefer leidvoller Erfahrung, nach nationaler Hybris und nach ideologischem oder religiösem Fanatismus im Prinzip auf diese Grundrechte und die *Rule of Law* als Minimum einer Überlebensordnung geeinigt. Die als universell, unveräußerlich und unteilbar angesehenen Menschenrechte sind daher ein gemeinsames Gut der Menschheit. Und wir dürfen und müssen gegenüber kommunistischen, fanatisch-islamistischen oder despotischen Staaten über ihre Verletzung sprechen; denn als Menschen sind wir verpflichtet, die Menschenrechte unserer Mitmenschen zu respektieren und zu verteidigen. Und als Deutsche, die diese Werte erst missachtet und dann in einem Teil des Landes verloren haben, sind wir Zeugen, wie aus der Trauer über Schuld und Verlust Freude über das Gelingen entstehen kann.

Kann – sage ich. Denn wo erleben wir eine gelassene Freude darüber, dass Selbstbestimmung in unserem politischen Raum möglich ist? Warum ist im Diskurs zwischen unterschiedlichen Kulturen die Freude des Westens an einer bewahrenden und schützenden Freiheit kaum spürbar? Warum gehen wir oft in die nicht-demokratische Welt hinaus und tun so, als hätte unsere demokratische Welt »Nichtwerte«, fühlen uns stattdessen betroffen von dem, was die Potentaten dort über uns behaupten: Wir seien Imperialisten, wir wollten ihnen unsere westlichen Werte überstülpen? In der Tradition unserer antikapitalistischen Selbstgeißelung kann es tatsächlich so weit kommen, dass nicht wenige sagen: »Wir wollen ja andere nicht überfremden.« Wem dienen wir eigentlich mit diesem Defätismus? Sind wir zu vornehm und satt geworden, um für die Werte zu streiten, die für den Westen Deutschlands seit 60 Jahren selbstverständlich geworden sind? Trifft auch hier zu, dass wir nicht achten, was wir fest zu besitzen glauben?

Gerade bei meinen evangelischen Brüdern und Schwestern und einigen Grünen und sozialdemokratischen Christen sind Güte und Großmut teilweise so unendlich groß, dass sie fortwährend alle Schuld der Welt einräumen, anstatt zu sagen: In diesem unserem Land herrscht seit über 60 Jahren Frieden, im Westen unseres Landes werden seit über 60 Jahren die Bürger- und die Menschenrechte respektiert. Europa ist trotz mancher uns auch ängstigender Krisen der Kontinent, nach dem sich die Menschen in anderen Teilen der Welt sehnen, zu dem sie fliehen wollen und den sie nicht erreichen. Kann nur ein polnischer Ministerpräsident wie Donald Tusk, der die Unfreiheit des Sozialismus erlebt hat, formulieren, was unser aller Grundeinstellung zu Europa sein sollte: »Es ist tatsächlich der beste Ort der Welt, etwas Besseres hat bisher niemand erdacht!«?

Warum lernen wir nicht von Václav Havel und den anderen, die uns beibringen könnten, dass die Unterdrückten der Welt die universelle Sprache der Menschenrechte überall verstehen? Dort in den Ländern mit den grünen Bannern, mit den roten oder anderen Bannern verstehen die Unterdrückten sofort und ohne Umwege, was Menschen- und Bürgerrechte für sie bedeuten würden. Nur ihre Unterdrücker und ihre Herrscher und fundamentalistische Gruppen, die die Menschen in Abhängigkeit zu halten trachten, behaupten,

das sei eine art- oder wesensfremde oder wie auch immer fremde Kultur.
Ja, es gibt auch Mängel in unserer Demokratie und Marktwirtschaft. Wir wissen, dass dieses System nicht vollkommen ist und ständiger Verbesserung bedarf. Aber es ist ein lernfähiges System, das Vorbildcharakter hat. Der Osten Europas, Teile Asiens und Nordafrika – sie alle haben sich nicht ein neues System ausgedacht, vielmehr weitgehend das übernommen, was hier schon existierte. Sogar die Ostdeutschen und die linken Protestanten sind darauf gekommen, dass wir keinen neuen, dritten Weg ersinnen konnten. Auch wir Ostdeutschen haben, selbst wenn wir uns gerne eine eigene Verfassung gege-

ben hätten, im Prinzip auf die Werte und Inhalte des Grundgesetzes geschworen.
Darin zeigt sich: Wenn wir politische Freiheit gestalten wollen, gibt es nicht allzu viele Varianten. Ich jedenfalls kenne keine, die den Grundsätzen dieser westlichen Variante von Eigenverantwortung vorzuziehen wäre.
Es gab zwar Gegenentwürfe, in Europa etwa erwachsen aus dem Marxismus, der die Einzelnen im Kollektiv verschwinden ließ. Aber diese Entwürfe haben sich nicht behauptet. Wir haben bei diesen Entwürfen weniger Freiheit, weniger Lebensfreude, weniger Rechtssicherheit und weniger Wohlstand erlebt. Und deshalb gibt es keinen Grund für den alt-neuen Versuch, eine neue Variante von

Demokratie ist nicht vollkommen, aber ein lernfähiges System, das Vorbild-charakter hat.

Antikapitalismus in die politische Debatte zu bringen.
Freilich möchte ich gerne, dass wir den kapitalistischen Wirtschaftssystemen so kritisch gegenübertreten wie den verschiedenen politischen Richtungen. Es soll und muss debattiert werden, ob konservative, liberale oder linke Vorstellungen einer sozialen Marktwirtschaft eher gerecht werden oder bessere Lösungen für künftige Krisen anbieten. Aber wer meint, dass Entfremdung einzig in den kapitalistischen Ländern auftrete, der ist blind oder ideologisch. Wir haben ganze Erdteile erlebt, in denen fast keiner über Kapital verfügte, aber die Entfremdung viel größer war als in Ländern und Gesellschaften mit Kapital. Denn

eines ist klar: Wir sind nicht allein und nicht primär durch unsere Rolle im Wirtschaftsleben bestimmt. Entscheidend ist die Teilhabe an der Macht oder die Unterwerfung unter die Macht, die uns zu Bürgern oder zu Nichtbürgern macht.

60 Jahre, nachdem diese Republik sich zu einer demokratischen Republik erklärt hat, können wir daran glauben, dass sie es vermag, eine demokratische Gesellschaft zu sein. Nun müssen wir dieser Gesellschaft dabei helfen, daran zu glauben, dass sie den neuen Herausforderungen gewachsen sein wird.
Denn nur, wenn wir an die Potenzen glauben, die in uns verborgen sind, wenn wir sie nut-

zen und anwenden, werden wir mit uns selbst zufrieden und anderen ein Segen sein können. Die Bewusstheit darüber, wozu wir in der Zukunftsgestaltung imstande sind, muss deutlicher neben die Bewusstheit darüber treten, welche Fehler und Verbrechen wir oder unsere Vorfahren in der Vergangenheit begangen haben.

Ich wünschte mir, dass sich unsere Gesellschaft tolerant, wertbewusst und vor allen Dingen in Liebe zur Freiheit entwickelt und nicht vergisst, dass die Freiheit der Erwachsenen Verantwortung heißt.

Dieser Text geht auf eine Rede zurück, die der Autor im Januar 2011 anlässlich des Neujahrsempfangs der Evangelischen Akademie Tutzing gehalten hat.